Los dictados del mar

MUSEO SALVAJE

Colección de poesía

───────────────────

Poetry Collection

WILD MUSEUM

William Velásquez

LOS DICTADOS DEL MAR

Nueva York Poetry Press

Nueva York Poetry Press LLC
128 Madison Avenue, Oficina 2RS
New York, NY 10016, USA
Teléfono: +1(929)354-7778
nuevayork.poetrypress@gmail.com
www.nuevayorkpoetrypress.com

Los dictados del mar
© **2018 William Velásquez**

© Contratapa: Juan Carlos Olivas

ISBN-13: 978-1-7320736-2-3
ISBN-10: 1-7320736-2-7

© Colección *Museo Salvaje vol. 5*
(Homenaje a Olga Orozco)

© Concepto de colección y edición:
Marisa Russo

© Diseño de colección y cubierta:
William Velásquez Vásquez

© Fotografía:
Paulina Salguero Rivera

Velásquez, William.
Los dictados del mar/ William Velásquez; 1a edi-- New York: Nueva York Poetry Press, 2018. 128 p. 5.25 x 8 inch.

1. Poesía costarricense 2. Poesía centroamericana. 3. Literatura latinoamericana.

Todos los derechos reservados. Esta publicación no puede ser reproducida, ni en todo ni en parte, ni registrada en o transmitida por, un sistema de recuperación de información, en electroóptico, por fotocopia, o cualquier otro, sin el permiso previo por escrito de la editorial, excepto en casos de citación breve en reseñas críticas y otros usos no comerciales permitidos por la ley de derechos de autor. Para solicitar permiso, contacte a la editora por correo electrónico: nuevayork.poetrypress@gmail.com

Impreso en los Estados Unidos de América

*A mi esposa Paulina
y a mis hijos
Paula Raquel, Wendy Yuliana
y William Ignacio*

*Digamos que no tiene comienzo el mar:
empieza donde lo hallas por vez primera
y te sale al encuentro por todas partes.*

JOSÉ EMILIO PACHECO

Puerto sin mar

I

Puerto Sin Mar está a mitad del mapa
entre las brumas y las mareas.
Sus moradores igual entienden
de tempestades e insolaciones.
Alguna vez un ferrocarril
surcó estas tierras que preferían
el trote sutil de las bestias;
el progreso saltó de sus vagones,
dio una vuelta por el valle
que soñaba ser provincia.
Pero la última locomotora
firmó su adiós entre los cerros;
el espejismo de la bonanza
se disolvió en un parpadeo,
y hoy su fantasma se arrastra
con tal dolor sobre los rieles
que descarrilarlo con un alfiler
sería el truco más fácil.

II

En Puerto Sin Mar las palmeras
son pitonisas venidas a menos,
que antaño fueron musas
del viento caribeño;
y hoy secuestran las cartas
del repartidor de correos,
para inventar predicciones a las aves
ante su falta de clarividencia.

III

Los niños de Puerto Sin Mar,
confunden el rumor de los caracoles
con las olas;
por eso en su primera visita a la playa
creen que han disminuido de tamaño
y están presos dentro de esa pieza marina
con que las madres adornan las mesas.
Cuando regresan a casa,
nunca más acercan el oído
a su pequeña gruta;
se privan de escuchar el océano,
pero se sienten a salvo
      y por primera vez
           se enamoran de su tierra.

IV

Se cree que a Puerto Sin Mar
bajaron todos los locos
desde los campos de concentración de la Luna,
y hallaron aquí la libertad
para tomar los parques
y dirigir discursos a los perros callejeros.
Otros paseaban descalzos
con su único par de zapatos entre las manos,
y sorprendían a los transeúntes
por la vía del sombrillazo en la espalda
o por el recurso tramposo
del pellizco en las posaderas.
Pero un día acabó la guerra en su satélite;
los inofensivos locos
regresaron en alegre diáspora
a recobrar sus viejos feudos,
y ni siquiera se despidieron.
Ahora sólo quedan los cráteres
que evidenciaron sus hazañas
por los caminos del pueblo.

V

A diferencia de Cavalho Morto,
Puerto Sin Mar sí existe;
y aunque de él no hayan nacido
ni Ledo Ivo ni Mestre,
la poesía en este lugar
se bebe directamente del grifo;
los embriones de los versos
reptan bajo las piedras
y florecen en cualquier rama
que les apetezca.
El poema da fruto los doce meses,
la gente sólo estira la mano
y se apodera de cuantos quieran;
en eso estriba su falsa fama
de que allí todos nacen poetas.

VI

Los ríos en Puerto Sin Mar no saben
qué es un estuario.
Creen que el Océano es la deidad
de una secta extremista de pargos colorados.
Buscan en el diccionario
el significado de las derivas,
mas se distraen memorizando
los nombres científicos de las plantas
hidroeléctricas.
En Puerto Sin Mar los ríos
se visitan unos a otros
para intercambiar atuendos
que no estén muy raídos:
así engañan al viejo Heráclito,
aquel ingenuo fantasma
para quien lucen siempre distintos.

VII

Aunque sus nombres y retratos
alcanzaron a colarse en los archivos
del municipio
o en unos pocos libros que ya nadie lee,
los próceres de Puerto Sin Mar fueron
respetuosamente olvidados.
Todas sus glorias sociales se compilaron
bajo la tierra de los cementerios,
pero hoy nadie pone flores
frente a las placas de sus osarios.
La admiración popular fue para un hombre bajito,
que yace bajo una hueca escultura
de piedra;
hasta ella peregrinan el cuarto día de agosto
las mentes emancipadas del pueblo
para cumplir su homenaje a la memoria
del joven poeta cuya grandeza
no cupo en sus linderos.

VIII

A Wendy

En Puerto Sin Mar las muchachas
no conocen a los soldados;
se desvelan abrazadas a sus violines,
escriben cartas de amor en códigos binarios
y de madrugada se escabullen en sus bicicletas
para tatuar corcheas y semifusas
sobre los pentagramas del asfalto.

IX

No más al despertar,
el decrépito vigía de Puerto Sin Mar
recayó en el vicio de fumarse a sí mismo,
y se entretiene haciendo figuras de humo
que llegan hasta la meseta central.
Pero la edad ya le pesa,
y las crisis asmáticas
le obligan a toser con cierto dolor
entre retumbos,
hasta expulsar providenciales bocanadas
que le salvan de la asfixia,
aterran a los pobladores
y atraen la atención fatalista
de los medios de prensa.
Durante estos lapsos se vaticina
la inminencia del apocalipsis,
pero en cuestión de días la naturaleza,
esa abnegada enfermera,
contrarresta los espasmos
con remedios naturales:

un chaparrón efusivo,

el súbito cambio de temperatura,

o el incremento de velocidad

de los vientos alisios;

y así el gigante enfermo

regresa a su letargo.

El tiempo, que es otro connotado galeno,

ayudará al guardián

a expulsar sus flemas de magma

y envolverse en el sopor

de un justo sueño milenario.

X

Puerto Sin Mar es un hotel de paso
para sus propios moradores.
Temprano emigran a buscar hogazas
en los laberintos citadinos,
de noche regresan a desandar sus rutinas,
y eso les provoca sentirse
un poco nómadas y peregrinos.
Este lugar tuvo y perdió tantos prodigios:
los ingenios y los próceres,
el ferrocarril y los poetas,
los locos, las muchachas, los niños,
el magma y las cenizas
van y vienen en estruendosa danza
sobre su línea de tiempo.
Algunos domingos,
la gente de estos parajes
escapa a merodear otros puertos
que sí nacieron completos;
porque a Puerto Sin Mar
aún le siguen debiendo
sus hectáreas de océano.

Afluentes

CASUALIDADES

¿Cuántos siglos de sexuales casualidades,
de carnales revoluciones dieron al traste
con la consecuencia implacable de mi nacimiento?

¿Cuántos amantes develándose
sobre arenosas orillas que buscan océanos?

¿Cuántos sitios comunes para dos desconocidos
a la hora precisa y en la fecha exacta
condujeron los azares de este juego
a través de continentes y colchones compartidos?

¿De qué remoto cromosoma proviene mi semilla?
¿Qué ancestrales herencias contiene mi ADN?

¿Qué serie de situaciones propiciaron la hecatombe
existencial que escupió mi alumbramiento
aquel 21 de diciembre?

¿Qué extravagancia reclutó tantos eslabones

para darme la ocasión de andar ahora entre los vivos?
y de ellos ¿quiénes acudieron gustosos
a tan sabroso jubileo
y contra cuántas voluntades otros harían lo mismo?

Naturalmente no pienso en todo esto
mientras mi cuerpo se deleita
en la fricción con una mujer desnuda.

Sólo tomo conciencia de premisas semejantes
cuando empiezo a extrañar la frondosidad
de unas caderas,
cuando añoro el sabor de unos pechos oscilantes
y me incendia el desenfreno
por unirme a esta cadena.

RÍO DE LOS SEDIENTOS

Este río
arrastra sus espejismos
muy al fondo de sus márgenes.
OSVALDO SAUMA

¿Qué nos seduce a regresar al embrujo del agua?
pienso mientras amontono los detritos de mi locura.

La desesperación de Qu Yuan emerge
en un murmullo de gongs y de tambores,
entre el aroma de las raciones que hartaron a los peces,
y el burbujeo acompasado por las Barcas de Dragón
venidas del Miluo, a tantos siglos de distancia.

¿Qué nos inspira a abandonarnos a su asedio, a su influjo,
o al conteo infinito de su ábaco de espumas?

Las esporas de Shelley cargan un llanto
por su Adonais de tinta y hueso,
los traumas del naufragio en el golfo La Spezia,
y una sed que amedrenta las zarzuelas de la deriva.

Al otro lado del cauce, Virginia se zambulle
con su abrigo repleto de piedras, golpeada por las voces
de sus íntimos demonios, con una carta de amor y despedida
escrita en las arenas.

El espejismo de Alfonsina salta al fondo de la escollera,
un acto fugaz y terrible, no una inmersión tan poética,
testimonio de la sed que aniquila los cardúmenes,
y troca en mausoleos la corriente que los lleva.

Tras su encierro en asilos psiquiátricos
y en campos de concentración,
el sediento Paul Celán saltó a beberse todo el Sena,
y hoy su fantasma me esquiva la mirada
como advirtiéndome que no salte yo a beber lo que no queda.

Ansío los dones del zahorí, para traer a superficie
todo el caudal que arrastran las venas de los muertos,
mas sé que no me conviene seguir a esta procesión
plañidera.

Cierro con doble llave mi caparazón, aceito bien sus goznes,
pues aunque en el último segundo Caronte se aparezca
y lance desde la proa flotadores para los suicidas,
no guardo en la billetera ni un óbolo que salde el viaje.

Tendré que resignarme con saludarlos mientras se alejan
por el mismo río en el que me hundo
conforme intento aplacar, sin suerte, esta sed que me doblega.

Teorema de los ríos

Ríos que fluyen y se alternan son nuestros espíritus.
Brotan de la conciencia, surcan sus vertientes.
Se vuelven lagunas si se aquietan,
como la infernal Estigia.
Nos inundan de arrebatos
vivaces, casi amazónicos,
que nos refrescan y llenan de ínfulas.

Un día, son el mismo Aqueronte,
que ahoga el alma antes de poder cruzarlo;
tan autodestructivos que se secan
y nos dejan deshidratado el corazón,
las venas estragadas, la lengua carcomida.

Otras veces son efluvios indomables,
corrientes que huyen hacia el mar
sorteando hábilmente las derivas metafísicas.

Y por tiempos son riachuelos reprimidos
que a la primera tormenta desbordan su cauce,

se riegan por los ojos

y expulsan el barro de la aflicción

como un remedio falaz contra el impulso suicida.

No cualquiera es capaz de enfrentar

sus propios ríos;

se asustan de mirar en ellos

su reflejo, su distorsión, su realidad invertida,

y bajo el sol o el nubarrón, en su orilla fatal,

se les desnutre el valor, se les pudren los años,

se resquebraja su vida.

La infancia era una puerta sostenida con el océano

> *De una casa medio derrumbada salió un niño gritando que había encontrado el mar dentro de un caracol. El padre Ángel se acercó el caracol al oído. En efecto, allí estaba el mar.*
> GABRIEL GARCÍA MÁRQUEZ

Todo el mar de mi infancia cabía
en el viejo caracol
con que mamá aseguraba la puerta.
Al posar mi oído en él
reconocí su oleaje, el pregón de las gaviotas
y la proximidad de los transatlánticos
que estremecieron el barandal
del estrecho corredor de madera.

Me llenaba de sal y de arena
la mejilla más próxima a su cavidad,
por tantas horas absorto
ante el resuello de las muchachas
que bronceaban sus espaldas.

Pero un mal día mis padres
decidieron remodelar:
Tiraron el caracol y con él mi niñez;
pusieron otro cerrojo a la puerta,
ajustaron sus aldabas.

Ya nunca más hizo falta sujetarla con el océano.

Prodigio del azul

*Todas las rutas, todas las veredas,
todas las carreteras son mentira
si no lleva el hombre hacia el océano.*

MARCO AGUILAR

I. Bajamar

PRIMERA LEY DEL MAR

No existirá un solo poeta
cuya conciencia no sea un catalejo
que le permita remar ileso,
sin naufragar en las utopías.

LOS DICTADOS DEL MAR

> *Es que, en verdad, desde que existe el mundo,*
> *La voz del mar en mi persona estaba.*
> NICANOR PARRA

Entro al mar con las sandalias puestas
como aquel personaje de las historias bíblicas.

Me hundo paso a paso y me detengo,
no por temor a las profundidades
sino ante esa voz que zumba
en mi cabeza,
que me habita y nadie escucha.

Tomo el discurso del mar y corro hacia la orilla,
levanto una rama escupida por el oleaje
y me dispongo a revelar
que no se puede caminar sobre las aguas,
que eran efectos especiales
aquello de Jesús y Pedro en Galilea,
y que es resbaloso el azulejo del mar,

sobre todo los domingos,

cuando es el día libre

de la mantarraya que lo limpia.

Pero prefiero hacer gala de mi don de escribano,

y anoto sobre la arena

los versos que el mar me dicta...

REENCARNACIONES

Tal vez fui coral en otra vida
o espuma, o arrecife;
pues al sentir el mar,
la carne que hoy deambula
en la periferia de mi alma
permea para que el oleaje la hospede,
hasta que de su azul se asome
el áureo cuello de una garza,
que es el disfraz de la muerte.

Daños colaterales

Privar a un niño de conocer el mar
es abolir su capacidad de incubar recuerdos.

Hombre ante el océano

He vuelto a esta playa
para enfrentar al viejo monstruo
cuya furia destruyó
mi primer castillo de arena.

Dentadura

No son conchitas
lo que tus manos juntan, hijo.
Son dientes que perdieron
los gigantes de otros mundos
al hundirse su navío.

NIÑEZ DE SAL

A William Ignacio

Hoy tienes por puñados
tu niñez de sal
sobre la espuma del tiempo.

Pronto vendrá el oleaje de los años
para curtir tu piel de almeja.

Sentirás el llamado de las sirenas
y como lo hice yo alguna vez
levarás las velas hacia otras dársenas,
en busca de aventuras sobre tu bote pesquero.

Me veo tan claro en tus pupilas de ultramar,
Tan idéntico eres al niño que fui,
y juntos ahora en este puerto de paz
te enseñaré a leer los mapas de los cangrejos
que llevan a archipiélagos seguros

donde puedas anclar,

para que nunca te vuelquen los vientos

cuando te lances a descubrir.

Haiku

Oigo las olas
dar gritos de naufragio
al tocar tierra.

PEQUEÑA SUITE DE INCOHERENCIAS

> *El mar nunca será una orquesta coherente.*
> JOSÉ WATANABE

Porque la ola sólo avanza,
honrando el ritmo de los ríos,
mas la danza del cangrejo
asemeja retirada.

Porque el barco es una ocarina
que besaron los labios de Zeus
y el muelle un piano abandonado
frente a una partitura de aguas.

Porque bajo la complicidad de las constelaciones
desova la tortuga
y en las profundidades oceánicas
pare una sola cría la ballena.

Porque el faro es un Lazarillo
que guía a los pescadores,

contrario al lienzo que los confunde
cuando en la resaca extravían sus brújulas.

Por estas y muchas contradicciones
tenía razón Watanabe:
el mar nunca será una orquesta coherente,
aunque la magia de su música
    parezca absoluta.

SINRAZONES Y DESPROPORCIONES

He aquí una mínima variable
sobre los relojes de arena:

Si cada grano fuese
la millonésima parte de un segundo,
un minuto equivaldría
a sesenta millones de partículas.

Sesenta vueltas al reloj suman una hora,
es decir,
más de tres billones y medio de granitos.

La matemática se vuelve imposible
pero, sin desvelarnos con algoritmos,
en un siglo completo podría volcarse
la equivalencia en segundos
de alguna playa modesta.

EFECTOS ESPECIALES

Las voces de los muertos provocan el oleaje,
y la desesperación de los ahogados
braceando por salir a flote
                da movimiento al mar,
que es mudo y estático por naturaleza.

Reflexión oceánica

Andrógino gigante es el océano.
"La mar" le dicen los marineros
que se adentran en ella extasiados
por la curva de sus olas,
que atacan desde la costa su entrepierna fluvial
poseyéndola bajo sus remos;
cuando la abandonan al final de la faena,
toman conciencia de su miseria
y se sienten náufragos sobre su propia tierra.

Lo llaman *"el mar"* los hombres que le temen
como se tiene miedo a un rival
que acecha al filo de la arena
para robarles sus hijos y mujeres.
Vigilan recelosos los tentáculos de espuma,
de ese monstruo interminable decidido a comérselos.

Otros lo vemos como un traslúcido misterio
sin entrada, sin salida y sin género;
una hermafrodita inmensidad

bordeada por corales, dársenas y secretos.

Mas el océano es sabio y no se acompleja
por su milenaria paleta de colores.
No existen los continentes - nos dice -
son una alucinación de los entes sedentarios.

II. Pleamar

SEGUNDA LEY DEL MAR

Serán juzgados por mezquindad
aquellos que nieguen a las plantas de sus pies
el beso prolongado con la arena.

MUSAS CON COLA DE SIRENA

No sería poeta si las musas
tuvieran cola de sirena.

No me atraería su piel escamosa
ni el muro infranqueable
de su entrepierna incompleta.

Si me gustaran las sirenas
sería marinero
pero eso implica el riesgo
de terminar siendo náufrago.

Y para naufragar prefiero
la desnudez de alga
        de una mujer entera.

Un pedazo de mar

> *El mar inmenso, el océano mar (...)*
> *un lugar pequeñísimo, y un instante de nada.*
> ALESSANDRO BARICCO

Hoy tuve un pedazo de mar entre mis manos.
Cristalino y voluble; un momentáneo privilegio.
Poseído por el impulso lo tomé prestado
pero se escurrió entre mis dedos
y regresó a su sitio.

Quería observarme en su espejo
con el rostro pletórico de sol,
sonreír en su reflejo y ver si se quiebra;
y el Caribe me lo arrebató,
egoísta y celador. Antesala del océano.

Hoy tuve una inmensidad de mar
enmarcada entre los ojos
y una sombra de gaviotas
revoloteando sobre mi sombrero.

Entonces una ola solidaria se acercó
y tocó mi pie para avisarle
que la arena, en plena distracción,
se había robado mis huellas.

Proyecto Pangea

Habrá que firmar una amnistía
que revierta las derivas continentales
para que las islas dejen de vivir
por un día en el exilio,
desde donde se ven tan hermosas,
y regresen condecoradas
a su tierra de origen.

PUNTO DE FUGA

Debo planear bien la huida.
Lanzarme al mar de la impermanencia
con las agallas del gran Nemo
(no importa si era un pez
o un Capitán),
desafiar los dominios de Poseidón
siguiendo el zig zag
que dejan sobre las olas
millones de granitos de sal.

Hacerme tripulante
de la utopía
       del albedrío
provocarme por las caderas
de tantas nereidas portuarias.

Dejar el ancla del amor
abandonada en la orilla natal
a modo de epitafio.
Partir y volverme diminuto

como un punto de fuga
en la perspectiva del olvido.

Sabré que las derivas
y los monstruos subacuáticos
se encargarán de socavar
mi frágil maderamen
hasta volverme una gota más
en este enorme cántaro.

Y cuando logre superar
la adversidad de mil naufragios
seré sabio como una vieja gaviota
que al vislumbrar sin pesadumbre
el corolario de sus días
se dispara de cabeza
sobre alguno de los promontorios
que emergen durante la pleamar
como trágicas epifanías.

El rompeolas

El rompeolas nos aguardaba desde hace un siglo;
lo dijo el anciano que barría las cenizas de un calypso.
Supe que era verdad cuando vi el musgo emerger
de sus estrías de cemento, las canas verdes de una espera
que se soporta con desaliento.

También nos contó que en otras épocas
nos llamaba por nuestros nombres
con su rugido de ahogado
y la desesperación propia del ancla de los marineros.

Pero la edad socavó sus cuerdas vocales,
taponeó de corales sus oídos,
torció en penumbra sus ojos de estero.
(Hablo del rompeolas, ya ni recordaba al viejo:
este sigue con la altivez del roble
y con aquella salud prodigiosa de los negros).

Una centuria después atendimos su llamado,
y ya no nos reconoció;

hoy es un catafalco igual a todos,
salino por fuera y derruido por dentro.

Así que nos conformamos con posar junto a él
para algunas fotos; de esas que se guardan con cariño
en el álbum de los parientes que ya fallecieron.

Desdoblarse

Mientras se cuentan las anécdotas graciosas
de los parientes menos diestros,
el poeta dentro del grupo escucha el mar,
apunta en lo que pueda alguna frase
sin que los demás se enteren,
cena, ríe y sigue el hilo de la tertulia.

Ese es el gran secreto de la poesía:
el imperceptible ejercicio del desdoblamiento.

COINCIDENCIAS

Un infructuoso intento
por modelar con arena
el Castillo de Grayskull
constituye mi primer recuerdo
de una playa.

Jamás pasé de un par de columnas:
La cola del océano llegaba
periódicamente
a socavar su arquitectura.

De recordar este episodio
una década después;
mis primeros semestres
de universidad
no habrían parado en la basura.

Hoy mi hijo levanta
con nuevas arenas
el Colegio de Hogwarts,

y el muñón de la marea
-que es lo que sobra
de aquella cola-
viene y destruye sus simientes.

Desde niño el mar me dijo
que no nací para ingeniero.
Pero sólo ahora lo entendí,
hechizado por el martilleo
de las obras del Mega Puerto.

Si algo nos caracteriza
a los niños de todas las épocas
es la poca atención que prestamos
a los consejos ultramarinos.

Espero que si en diez años
mi hijo elige una carrera
afín a la ingeniería,
aún estar vivo y cuerdo
para contarle estas coincidencias
que le refresquen la memoria.

FINISTERRA

Acantilados admonitorios, y el mar explotando.
S.P.

A Paulina

Para Sylvia Plath, el filo del mundo era
los últimos dedos, deformes y reumáticos.

El nuestro, en cambio,
es este acantilado que pinta
la oscuridad desnuda
y una noche de caribe
que nos hace flotar en un colchón
sobre el océano.

Ese es el aliciente del final de la tierra:
cada uno lo halla
en su propio espacio y tiempo,
como una admonición de la muerte.

III. Ultramar

TERCERA LEY DEL MAR

No habrá deidad más eterna
que el océano
pero tampoco demonios
tan efímeros como la espuma.

OFRENDAS

Dichosos quienes ofrenden al mar
su osamenta,
porque de ellos será el reino de los naufragios.

INICIACIÓN

A Safo de Lesbos

Remaré tan fuerte que a mi avance
al revés irán quedando los océanos.
Se estrellarán contra tu isla mis rodillas
con varios milenios de retraso.
Cavaré y cavaré
hasta encontrar todos tus huesos,
los besaré de buena gana
y me iniciaré en la necrofilia.

LEYENDA PORTUARIA

Se sabe que el fantasma de un calypsonian
aparece en las ruinas del tajamar
a transcribir en partituras la danza de las olas
y hechiza con su banjo a los ahogados
que bailan descalzos entre los corales
hasta que amanezca.

DISECCIÓN

El faro ensarta sus dagas luminosas
sobre la espina dorsal de la noche.

Prodigio del azul

> *Y el viento del mar océano llena mis ojos de lágrimas.*
> LEDO IVO

No siempre fue azul el mar;
ni este color proviene del espacio
o de penínsulas lejanas,
sino de la tristeza.

Quiso suicidarse entonces
como una recordada poetisa;
pero el tiro le salió por la culata,
pues en vez de morir
se diluyó en sus aguas.

Y casi nadie sabe
que si diluimos la tristeza
nos queda sólo una dosis tolerable
de melancolía;
que esta es bella en todas sus formas
en tanto no se ingiera

después de cada despedida.

Así el azul destiló su esencia
en los muelles, en los golfos,
en las pleamares,
y el viento diseminó su reflejo
por los cielos,
en la turgencia del cosmos
y en infinidad de soledades.

Por eso me deprimo un poco
algunas tardes,
ante la puesta del sol,
cuando se rinden las velas
y duermen los timones
bajo la estela migratoria de las aves.

Y para no bogar entre corrientes oscuras
me sumerjo en las sonrisas de mis hijos,
floto en la claridad de sus ocurrencias
y los dejo que me cuenten
sus historias de piratas,
mientras las nubes se tiñen
y huelen a naranjas.

Deja vu de unos ojos que navegaron entre las páginas de Hemingway

Parezco al viejo pescador
que vuelve a la orilla con su ropa hecha piltrafas,
y con el esqueleto de un pez enorme
como único trofeo.

Regreso del mar con un saquillo
cargado de conchas
y con los girones de algunas olas
que mi retina pudo sustraerle.

Las primeras irán al fondo
de una pecera postergada.

Las segundas serán la materia prima
para destilar una cosecha de lágrimas
durante las noches venideras.

MUTAR

Aprender de la metamorfosis
de ese gran imitador que es el espejo.

Adoptar la mansedumbre
de aquel cúmulo de gotas
que ignoran su enormidad
así como su nombre: el Océano.

Hacerse entender como las revelaciones:
en penumbra, en soledad,
en silencio.

Subir un escalón
en el estrato existencial.
Desheredar la juventud,
renacer ya de tan viejos.

Desenfundar las alas. Levitar.
Sentir un poco más,
        hablar
                millones menos.

OQUEDADES

> *anhelamos la inmensidad del océano*
> *y sólo nos pertenece la indecisión de la lágrima.*
> EFRAÍN JARA IDROVO

A Paula Raquel

Que no te inquiete la ciénaga de mis párpados
anclados ante la tempestad que me silencia:

El mar es la gran lágrima del universo
y cabe completa en las cuencas
que abandonan los ojos cuando se ausentan
para dejarnos mirar.

ÚLTIMA VOLUNTAD

Quiero envejecer aquí junto al mar
para entender la vida...
BALEROM

No quiero cinerario ni sepulcro
si la muerte me acorrala
con su sombría marea.
Como la mujer de Lot, miraré atrás:
y cuando sea ya estatua de sal
me lanzarás al océano,
donde me desharé y podré esparcirme
para morar sobre su oleaje
                eternamente.

Retorno a puerto sin mar

LAGO

Mis ojos encallan en las rocas sumergidas.

Leo su relato inscrito en la corriente,
bajo las hierbas que flotan en su oleaje de artificio;
me he vuelto un vestigio del viento que ronda,
famélico Narciso que su insignificancia contempla.

El lago se empecina en borrar de mis pupilas
su historia de piedra, que empoza mi sombra,
y mi rostro varado en su tenue deriva.

**Mi caracol fue un batiscafo
sumergido en la memoria**

I

Perdí el caracol en mi primer viaje:
el largo periplo desde la niñez,
donde apilé algunas décadas
sobre la proa de los calendarios.

Me reencontré con él
un día después del corto paseo
de Puerto Sin mar hacia las mareas
que de pequeño escuchaba
en aquella fantástica gruta.

II

Abrí la bodega donde mis padres
encerraban a los espantos,
y entre los escombros de sucesivas remodelaciones
emergió, como una pequeña Atlántida
de mis días pueriles,
aquel caracol
que dábamos por perdido.

Tuve miedo de tomarlo en mis manos de adulto
y hallar en su interior el cadáver
del niño que ya no era.

Aun así, lo llevé adentro,
y su brisa de pleamar
fraguó un estuario en cada ropero.

III

Ahora el caracol adorna nuestra sala;
el mar aún sigue borboteando en su vientre.
Ciertas mañanas pierdo de vista a mis hijos,
pero sé que han entrado en él
para nadar un poco.

Al medio día los llamo,
y ellos regresan empapados y diminutos.
Les tiendo la palma de mi mano,
los pongo al sol
para que recobren su tamaño;
al rato entran con un hambre de tiburones
y con el color del caribe tatuado en sus mejillas.

IV

Mujer, algunas noches quisiera

que entremos al caracol a recordar viejos naufragios.

Desnudarnos sobre sus sábanas de arena,

asomarme al catalejo de tus ojos

y avizorar bajo los arrecifes las medusas que fuimos.

Los niños ya no temen a sus misterios.

Escuché que reían mientras resbalaban

por su caliza espiral

justo antes de que el chapuzón salpicara mis tímpanos.

Pero el frío ya no da para acrobacias;

y estos cuerpos adultos no caben más

                          en ciertos desvaríos.

V

Según la relatividad de los caracoles,
todos los lagos y ríos son simples
simulacros del océano.

VI

Mi caracol fue un batiscafo sumergido en la memoria.

Un día será el faro que dibuje

el mapa hacia una nueva infancia

cuando por fin tengamos mar

      en este puerto incompleto.

ACERCA DEL AUTOR

William Velásquez. Nació en Turrialba, Costa Rica en 1977. Estudió diseño publicitario en la Universidad Autónoma de Centroamérica (UACA). Ha escrito artículos de opinión, reseñas, poemas y narraciones en las Revistas *Lectores*, *Turrialba Desarrollo* y *Cartago Mío*. Fue miembro del Taller de Poesía Nuevo Paradigma facilitado por Juan Carlos Olivas. Forma parte del equipo de gestión cultural de Turrialba Literaria. Su cuento *La Anciana sin Rostro* se ha publicado en la antología *Crónicas de lo Oculto* (Editorial Club de Libros, 2016). Dos poemas de su autoría aparecen en la antología *Voces del Café* (Proyecto Palitachi, Nueva York Poetry Press, 2018).

ÍNDICE

LOS DICTADOS DEL MAR

PUERTO SIN MAR

I · 15
II · 16
III · 17
IV · 18
V · 19
VI · 20
VII · 21
VIII · 22
IX · 23
X · 25

AFLUENTES

Casualidades · 29
Río de los Sedientos · 31
Teorema de los Ríos · 34
La infancia era una puerta sostenida por el océano · 36

Prodigio del Azul

I. Bajamar

Primera Ley del Mar · 45

Los Dictados del Mar · 46

Reencarnaciones · 48

Daños Colaterales · 49

Hombre ante el Océano · 50

Dentadura · 51

Niñez de Sal · 52

Haiku · 54

Pequeña Suite de Incoherencias · 55

Sinrazones y Desproporciones · 57

Efectos Especiales · 58

Reflexión Oceánica · 59

II. Pleamar

Segunda Ley del Mar · 63

Musas con Cola de Sirena · 64

Un Pedazo de Mar · 65

Proyecto Pangea · 67

Punto de Fuga · 68

El Rompeolas · 70

Desdoblarse · 72

Coincidencias · 73

Finisterra · 75

III. ULTRAMAR

Tercera Ley del Mar · 79

Ofrendas · 80

Iniciación · 81

Leyenda Portuaria · 82

Disección · 83

Prodigio del Azul · 84

Deja Vu de unos ojos que navegaron
entre las páginas de Hemingway · 86

Mutar · 87

Oquedades · 88

Última Voluntad · 89

RETORNO A PUERTO SIN MAR

Lago · 93

**Mi caracol fue un batiscafo sumergido
en la memoria**

I · 97

III · 99

IV · 100

V · 101

VI · 102

Acerca del autor · 105

Colección
PIEDRA DE LA LOCURA
(Homenaje a Alejandra Pizarnik)

1
Colección Particular
(Antología personal)
Juan Carlos Olivas

2
Kafka en la aldea de la hipnosis
(Antología personal)
Javier Alvarado

3
Memoria incendiada
(Antología personal)
Homero Carvalho Oliva

4
Ritual de la memoria
(Antología personal)
Waldo Leyva

5
Poemas del reencuentro
(Antología personal)
Julieta Dobles

Colección
MUSEO SALVAJE
(Homenaje a Olga Orozco)

1
La imperfección del deseo
Adrián Cadavid

2
La sal de la locura
Fredy Yezzed

3
El idioma de los parques / The Language of the Parks
Marisa Russo

4
Los días de Ellwood
Manuel Adrián López

5
Los dictados del mar
William Velásquez Vásquez

6
Paisaje nihilista
Susan Campos-Fonseca

7
La doncella sin manos
Magdalena Camargo Lemieszek

8
Disidencia
Katherine Medina Rondón

9
Danza de cuatro brazos
Silvia Siller

10
El más furioso de los perros / *The most furious of dogs*
Randall Röque

11
El rumor de las cosas
Linda Morales Caballero

12
El país de las palabras rotas
Juan Esteban Londoño

Colección
TRÁNSITO DE FUEGO
(Homenaje a Eunice Odio)

1
41 meses en pausa
Rebeca Bolaños Cubillo

2
La infancia es una película de culto
Dennis Ávila

3
Luces
Marianela Tortós Albán

4
La voz que duerme entre las piedras
Luis Esteban Rodríguez

5
Solo
César Angulo Navarro

6
Échele miel
Cristopher Montero Corrales

7
La quinta esquina del cuadrilátero
Paola Valverde

Colección
LABIOS EN LLAMAS
(Homenaje a Lydia Dávila)

1
Fiesta equivocada
Lucía Carvalho

2
Entropías
Byron Ramírez Agüero

•••

Colección
MUNDO DEL REVÉS
(Homenaje a María Elena Walsh)

1
El amor es un gigantosaurio observando el mar
Minor Arias Uva

Colección
SOBREVIVO
(Homenaje a Claribel Alegría)

1
#@nicaragüita
María Palitachi

◆◆◆

Colección
PARED CONTIGUA
(Homenaje a María Victoria Atencia)

1
La orilla libre
Pedro Larrea

2
Pan negro
Antonio Agudelo

COLECCIONES
TURRIALBA LITERARIA

LETRAS EN TINTA NEGRA
(Homenaje a Jorge Debravo)

1
IET Literario (Antología)
José Daniel Guevara
(compilador)

EMBOSCADA DEL TIEMPO
(Homenaje a Marco Aguilar)

1
El trazo de la mariposa
Clarita Solano

2
Policromías
Arnoldo Quirós

3
Cráneo de Ginsberg
Marvin Salvador Calero

Para los que piensan, como Vicente Huidobro, que "de una ola a la otra hay el tiempo de la vida", este libro se terminó de imprimir en julio de 2018 en los Estados Unidos de América.

www.ingramcontent.com/pod-product-compliance
Lightning Source LLC
Chambersburg PA
CBHW031138090426
42738CB00008B/1144